上海棋院实验小学冠军丛书

国际跳棋（中）

上海棋院实验小学　编

上海人民出版社

顾　　问：陈　军　张国强

主　　编：胡荣华

编　　委：王万亮　单霞丽　欧阳琦琳

　　　　　李祖年　林　塔　葛维蒲

　　　　　孙勇征　王　频　刘　沛

　　　　　季国英　钱慧萍　彭华明

策　　划：彭华明

撰稿人：林　塔　严　佳

责任编辑：杨柏伟　周　珍

封面设计：邹明耀

版面设计：杨钟玮

序

上海棋院院长　张国馆

"国运盛，则棋运盛"。

多年来，上海的各项棋类运动一直开展得红红火火，人才辈出，佳绩频传，运动水平在全国保持领先，为我们这座城市赢得无数的声誉。这些归结于上海的各项棋类运动都拥有广泛、深入、良好的群众基础，也归结于各级领导和社会各界有识之士的关心支持。市民们非常热爱棋类运动，积极参加棋类活动，也乐于给自己的小孩进行棋类启蒙。扎实的群众基础也铸就了上海市棋类运动可持续发展的基础。

棋类活动对开发智力、陶冶情操、培养毅力等各方面的作用越来越被更多的人所认同，棋类运动的竞技水平也越来越被人们视作代表城市体育素质水平和精神文明建设水平的重要标杆。兄弟省市越来越重视棋类运动的发展，运动竞技水平也普遍提升得很快，上海棋类的发展面临着强有力的挑战。

居安思危，居危思变。以扎实的群众基础为保障，从娃娃抓起，以普及促提高，走好体教结合之路，将是上海市棋类运动创新转型、再创新高的关键性举措。由此，上海棋院与闸北区教育局共同创办了上海棋院实验小学，并且聘请德高望重的胡荣华老师担任学校的名誉校长，就是一次有益的尝试。我们对上海棋院实验小学寄予厚望，希望学校能够坚持走体教结合的道路，坚持课程改革的实验，坚持构建棋类特长学生培养的新模式，为上海培养更多的运动竞技水平高、文化基础扎实、思想道德素养好的棋类运动后备人才力量。

上海棋院实验小学虽然创办不久，但已经确定了"做自己的冠军"的学校文化的内涵。我非常欣赏这句话。上海棋院实验小学的学生不可能都成为职业棋手，但是棋类活动所内蕴的进取、夺冠等励志价值却能够成为所有学生一生拥有的宝贵财富。"学棋，更学做人"，这是棋类项目迈上体教结合之路的真谛。

好的课程能够承载学校的育人价值和文化坚守。呈现于读者诸君面前的这套"冠军丛书"，既是学棋的启蒙，也是鼓舞所有人争冠的号角。

以斯为序。

目录

第一课

局面常识

国际跳棋的取胜方法有两种,一种是靠战术打击取胜,另一种是靠局面优势取胜。战术打击犹如下棋的基本功,有时一着不慎即会被对方有机可乘,而若是你先发现对方破绽,那么战术打击也是通往胜利的捷径。如果整盘棋中你与对手都没有犯错,那么依靠的就是各自对局面的掌控能力,哪方能够在局面上取得优势,哪方取胜的机会就大。

首先让我们了解一下局面中的基本常识。

如图1,国际跳棋的棋盘是一个正方形,我们把中间那块用白子填满的区域叫做棋盘的中心位置。

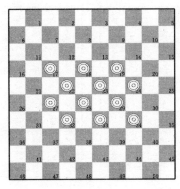

图1

抢占中心是国际跳棋取得优势最直接、最简单的方法。通常情况下,谁在中心区域的棋子多,谁就更有优势。我们可以通过将棋子直接往中心区域行走或者与对方中心子力交换的方式与对手争夺中心。

如图2,我们把黑棋1、2、3、4、5号位的棋和白棋46、47、48、49、50号位的棋叫做双方的底兵。我们知道,一方棋子冲到对方的底线就能升变成王棋,所以底兵能起到很好的防御作用,但是同时,若底兵一直不动,容易造成落后兵,与前方的兵力脱离联系,不利于局面发展。

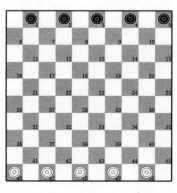

图2

如图3,6、16、26、36、15、25、35、45号位上的兵是棋盘上的边兵。一般情况下,在边上的兵的子力价值不如在中心的兵子力价值大。

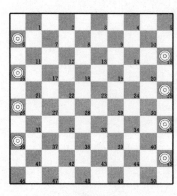

图3

图4

如图4，白棋24位的兵占住中心重要位置，一子管住黑棋15、25位两兵，此时不管黑棋走哪个兵，都是送子。

学习目标：明白中心、底兵、边兵的含义。

重点难点提示：下棋时尽量把棋子往中心运。

练一练：白方先走，有好棋吗？

第二课

落后兵和悬兵

兵一旦没有得到及时发展,在局面中没有起到作用,就会成为"落后兵"。黑方 5 号位和白方 46 号位的兵是底兵中价值最小的兵,若它们没有被及时发展,很容易变成落后兵,对己方的局面不利。

如图 5,白方 41、46 两个兵被前方的兵堵在后面,短期内无法正常出子,我们称它们为落后兵。当发现局面中有落后兵,我们应想办法让这些子尽快出动。

图 5

当挡在前面的兵在一段时间内不能往前走,也不能进行兑换,僵持的局面在短期内无法改变,我们把那个被堵在后面的兵称为悬兵。图 6 中位于 32、37 位的兵就是悬兵,有悬兵的局面要比有落后兵的局面更危险,落后兵的问题更容易解决,而悬兵处理不当会被对方利用实施战术打击。

图 6

　　学习目标:知道什么是落后兵和悬兵。

　　重点难点提示:知道落后兵和悬兵的区别,实战中会动脑筋解决自己局面中的弱点问题。

第三课

孤 兵

孤兵就是一个孤立无援的兵。有时候，我们不小心把己方的一个小兵冲在太前面，与己方的其他兵力失去联系，这个兵就会成为孤兵，很容易被敌方捉死。如图7，白方18位的兵冲在了太前面，且与后方的己兵拉开了距离，此时若轮到黑方走，黑方8位的兵可以从两边任意向白方发动攻击，白方18位的兵无处可逃，后方的兵也无法及时提供支援。

图7

若我们在运兵的时候注重每个兵之间的联系，如图8，白兵虽也处于比较高的位置，但后方的兵始终保持着紧跟的态势，这样的话如果黑方现在对白方发动进攻,无论从哪面抓白方 18 位的兵,白方都可以通过交换的方式 (32—28 或者 33—28)以一换一,确保不丢兵。

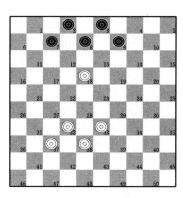

图 8

学习目标:知道孤兵的含义。

重点难点提示:下棋时注意子力之间联系,不要一个兵往前冲,如果发现对方有孤兵会懂得去抓。

第四课

等　着

国际跳棋中判定赢棋的方法有三个:一是把对方棋子全部吃完,二是让对方无子可走,三是对方认输。因为会存在无子可走这种情况,所以在某种很封闭的局面中,谁等着多,谁就有优势。所谓等着,就是指没有攻击性的一步棋,一般不与对方的棋发生接触。

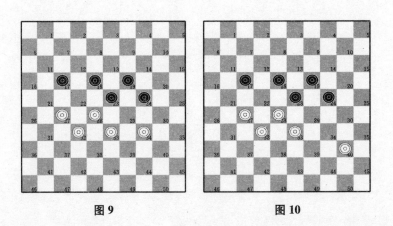

图 9　　　　　　　　　　图 10

如图 9,现在若轮到白方走棋,白方无论走哪步都是送子,若轮到黑方走,黑方也是。如果局面如图 10,这个时候白方走,白方和图 9 的区别就是多一步等着,这个时候就可以走 40—34,利用黑棋无纵队,无法兑换,则黑方输。若白棋走 40—35(如图 11),那么黑方有棋可走 23—29,此时白棋没有等着,白棋不利。在这种封闭局面里,谁等着多谁就占优势,有时保留小小的一步等着,也会决定局面的胜负。

图 11

学习目标:了解等着的含义。

重点难点提示:有些封闭局面中,谁等着多谁就有优势,可以通过后退吃兵的方式赚取等着。

第五课

牵制局面

我们把用少数子力控制住对方多数子力的局面叫做牵制局面。

障碍棋型也是牵制局面的一种,分为全障碍和半障碍。

如图 12,白棋 27、31、36 三个兵在边上组成一个半障碍的形状,控制着黑棋 16、22、18 三个兵,这个时候轮到黑方走棋,黑方走 16 位、18 位的兵都是送子,走 22 位的兵则白方利用半障碍纵队 27—21 一步杀打击。

图 12

图 13

全障碍棋型比半障碍棋型搭建得更为牢固,半障碍棋型中在兵多的情况下有时对方可以一直通过 17—21 抓 27 位的兵来进攻白方,而白方需要考虑防御,全障碍棋型因 26 位有白方子力存在,黑棋无法进攻白方 27 位的兵,所以相对于半障碍棋型,全障碍棋型对于对方的控制更严密一些,一旦牵制住不容易被对方摆脱。

钳子也是一种牵制局面。

我们把图 14 中的形状称为钳子。白方用四个兵成钳子状钳制住了黑棋四个兵,使他们无法动弹。钳子局面在开局、中局和残局中都有可能发生,在子多的情况下不容易保持,对方可以通过组纵队交换的方式摆脱,而在残局子少的情况下,钳制的优势会很明显。

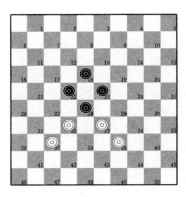

图 14

学习目标:知道什么是牵制局面,认识半障碍、全障碍和钳子棋型。

重点难点提示:实战中会利用这些战略,若自己被对方控制住能想办法摆脱。

第六课

双向打击

我们知道，有吃必吃和有多吃多是国际跳棋中两项最重要的行棋规则，当同时可以吃的两条路线上的子数相同，我们可以选择吃哪一条路线上的子，即同吃选吃。有这样一种情况，如图15，白棋34—29，黑棋有两种吃法，可以23×34，也可以33×24，但不管用哪个吃，都避免不了白方的战术打击，最终30位的兵吃四个子吃到8。我们把这样一种无论选择吃哪边都会丢兵的战术打击称为双向打击。

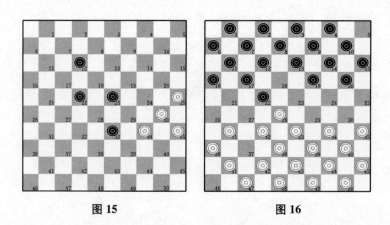

图15   图16

这种打击也比较容易发生在开局。如图16，现在黑棋走，我们可以看出,黑棋走 22—27,若白棋 32×21 吃过去,则黑棋 17×46 打成王棋,如果白方 31×22,看似无法进行打击,但黑棋继续 19—23,把白棋 28 位堵住的兵移走,同样可以打到 46 位。

学习目标:掌握双向打击。

重点难点提示:这种打击告诉我们,在同吃选吃的时候要小心选择,两个方向都要考虑到是否有战术打击。

练一练:白先白胜

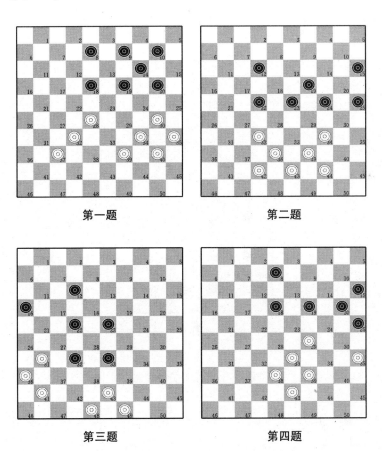

第一题　　　　　　　　　　第二题

第三题　　　　　　　　　　第四题

第七课

抢速度打击

抢速度是国际跳棋中一种很常见的战术打击类型。通常发生在对方提你兵时,你利用下一回合对方有吃必吃而发生的战术打击。又分为杀吃贪吃子和不杀吃贪吃子两种。

图 17

如图 17,黑棋走 20—24,想抓吃白方 30 位的兵,白棋正常着法可以走 30—25 逃开,但这个局面中白方有好棋 41—36!利用黑棋下一步必须有吃必吃 24×35,白棋 36×7 连吃黑棋三子,我们把这种战术打击叫做抢速度。图 17 中 24 位想抓吃白棋的兵我们叫做"贪吃子"。再看图 18 中,黑棋 13—

19,想抓吃白棋 23 位的兵,此时白方走 38—33,以逸待劳等黑棋吃到 28 位,接着 33×2 实施打击,我们把这种类型的打击也叫做抢速度,区别是这个图例中"贪吃子"也被吃掉了。

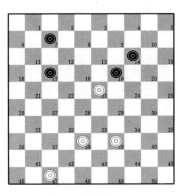

图 18

学习目标:掌握抢速度打击。

重点难点提示:抢速度是非常常用的一种打击类型,通常发生在抓吃对方兵时,需要特别留意。

练一练:白先白胜

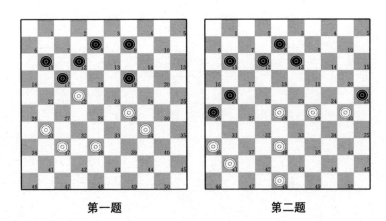

第一题　　　　　　　　第二题

15

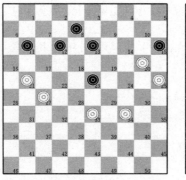

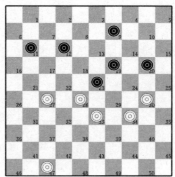

第三题   第四题

第八课

包围法打击

所谓包围法打击就是,通过包围的形式将对方下一步可走的路堵死,让对方走哪步都是送子,即胜。如图19,现在轮到白方走棋,我们可以观察,黑棋王棋处于48位,下一步能走的路线只有两条,而白方25位已有王棋存在,黑棋往那边走就是送吃,所以只能往另一边走,这时白方3位的兵正好可以走到26位,把黑棋另一条路也堵死,我们把这种打击形式称为包围法打击。

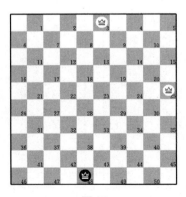

图 19

再看图20,此时轮到白棋走,若这个时候随意走动王棋,黑棋王棋处于非常自由的状态,可以任意行走,这个棋就是和棋,但这个时候利用包围法,白方有好棋50—44!黑方王棋只能33×50,然后白方1×6!堵住黑方王棋出路,黑方只能送王,白棋6×50!吃到底,再次堵住黑棋45位的兵,黑棋无子可动,白方胜。

图 20

学习目标: 掌握包围法打击。

重点难点提示: 要善于观察对方下一步可以走的路,学会先发制人。

练一练: 白先白胜

第一题

第二题

第九课

封锁法打击

封锁法利用的原理是让对方无子可动。一般我们通过送吃,将对方自己的兵堵住对方王棋的出路,或者将自己的棋子直接堵住对方出子。如图21,此时轮到白方走棋,黑方45位的兵下一步只能走45—50,所以这时白方直接将王棋拉到50位,堵住黑方的唯一一步棋,黑方无子可动,白方获胜。

图21

图22,白方42—37好棋,让黑方自己的兵堵住黑方王棋的出路,然后再将10位王棋走到47,堵住黑方兵下一步可走的路,此时轮到黑方走棋,

黑方无子可动,判负。

图22

学习目标:掌握封锁法打击。

重点难点提示:包围法是围堵对方的出路,而封锁法是直接使对方无棋可动。

练一练:白先白胜

第一题

第二题

第十课

利用王棋进行打击

王棋虽然有很强的威力,但因为也受有吃必吃和有多吃多规则的限制,有时候变化复杂,更容易被对方利用进行战术打击。

如图 23,黑棋 38 位的兵已经接近变王底线,但此时轮到白方走,白方有好棋,49—43！看似惊人一步,送黑棋变王,然后却利用黑棋变王之后有吃必吃,白棋 31—26 靠边,让黑棋王棋正好吃到 21 位,白棋 26×8 连黑方王棋一起吃掉获胜。

图 23

再看图 24,白棋 49—44！让黑棋变王,接着 32—27,根据有多吃多的规则,黑棋只能用王棋吃两个白兵吃到 21 位,最后白棋 16×20 将黑棋王和兵一网打尽。

图 24

学习目标:会做这种类型打击。

重点难点提示:有时候不要急着去变王,要多留意对方有没有陷阱。

练一练:白先白胜

第一题

第二题

第十一课

两步杀练习(一)

白先白胜

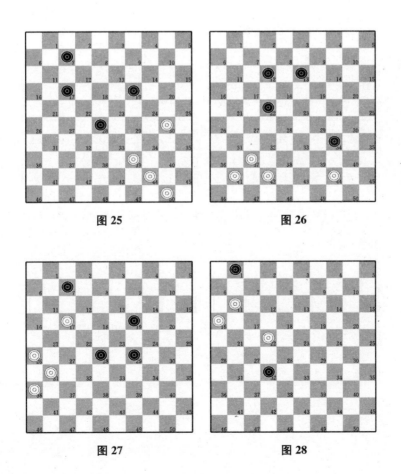

图 25　　　　　　　　　　图 26

图 27　　　　　　　　　　图 28

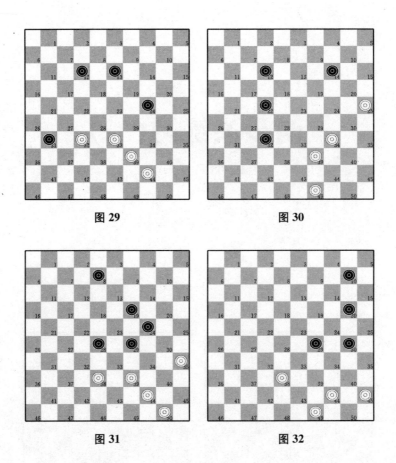

图 29　　　　　　　　　　图 30

图 31　　　　　　　　　　图 32

第十二课

两步杀练习(二)

白先白胜

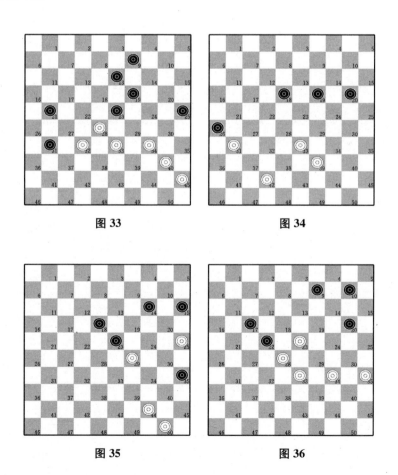

图 33　　　　　　　　　图 34

图 35　　　　　　　　　图 36

图 37　　　　　　　　　　图 38

图 39　　　　　　　　　　图 40

第十三课

开　局

一盘棋分为三个部分:开局、中局和残局。通常我们把前十五个回合左右称为这盘棋的开局。

开局是整盘棋的基础,开局的好坏直接影响到之后的发展。对于初学者而言,在开局阶段,我们需要遵循这样一些原则:一、争夺中心有利位置;二、子力两边协调发展;三、出子要有牢固的支撑点。

通过以下三幅图,我们来解读以下开局原则的重要性。同学们,你们能说出下面三幅图中哪方局面更好吗? 为什么?

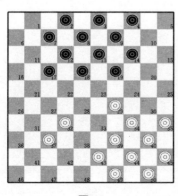

图 41

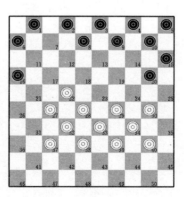

图 42

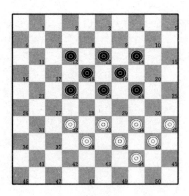

图 43

图 41 黑方更好。白方子力发展不均匀,左边就只有两颗棋,右边有十颗,容易被黑棋从左边攻破,相反黑棋阵形十分工整,子力发展均衡。

图 42 白方更好。黑方子力都分布在棋盘边上,而白方子力占据强大中心。

图 43 黑方更好。白棋没有可用纵队,缺少有力支撑点,有悬兵较多,而黑方纵队多,阵形牢固。

学习目标:好的开始是成功的一半,牢记开局三原则。

重点难点提示:走棋不要只走半边,一步接着一步往中心运子。

第十四课

新手打击

　　新手打击的打击形式是指利用纵队横向引入再通过引离支撑点所形成的攻杀,因为这种攻杀形式常出现于低水平棋手的对局中,故称为"新手打击"。

　　如图44,白方第一步32—28,黑棋走18—23,接着白方走37—32,看似很正常的一步,发展自己左翼棋子,却中了对方新手打击的陷阱。黑方23—29,好棋! 白方34×23,之后黑棋再走17—22,运用引离战术,把白方28位的兵引开,最后黑棋19位的兵顺利打到26位。

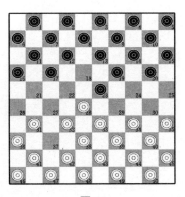

图44

学习目标:掌握新手打击。

29

重点难点提示:新手打击运用的是引离手段,很容易发生在开局前两步棋中,要千万留意。

练一练:白先白胜

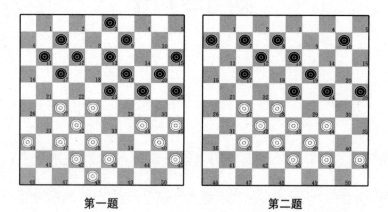

第一题   第二题

第十五课

搭桥打击

搭桥打击就是调动对方的子力,为己方进攻搭上一座小桥。

如图 45,第一步先 27—22,把黑棋 18 位的兵引到 27 位,再 37—32,把 27 位的兵再引到 38 位,最后 42×4,顺利进行搭桥打击。

图 45

学习目标:会做这种类型的打击。

重点难点提示:先找到打击路线,再利用喂吃,调动对方子力。

练一练:白先白胜

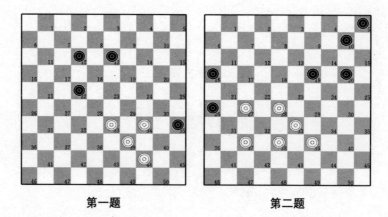

第一题　　　　　　　　　　　第二题

第十六课

后跟打击

　　这里的后跟就是脚后跟的意思,因为这种打击最后实施打击的部位像整个局面的"脚后跟",因此被形象地命名为"后跟打击"。在进行这种打击的时候,关键在于以退为进,先让自己的子往后倒吃,留出位置让对方的兵吃过来,最后进行打击。

　　如图46,白棋利用交换棋子,走33—29,黑棋24×33有吃必吃,白棋28×39使28位的白兵倒吃,从而让黑棋17位的兵可以吃到28位,最后32×3打击成王。我们把这种类型的打击叫做后跟打击。

图 46

学习目标:会做这种类型的打击。

重点难点提示:形象记忆,以退为进是关键。

练一练:白先白胜

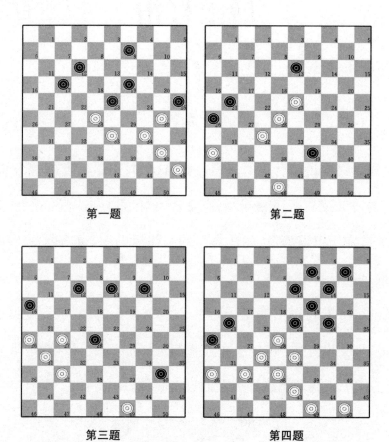

第一题　　　　　　　　　第二题

第三题　　　　　　　　　第四题

第十七课

梯子打击

梯子打击就如同它的名字一样，就是利用有吃必吃，把对方的子一层一层地往自己设下的陷阱里引。如图 47，现在轮到白方走棋，黑方已有一王，白方无法在一步之内把黑棋王棋捉死，但是白方可以利用黑棋 39 位的子，走 40—34，通过交换把白方 35 位的子移动到 24 位，这样通过梯子传递的方法把黑方王棋引入陷阱。

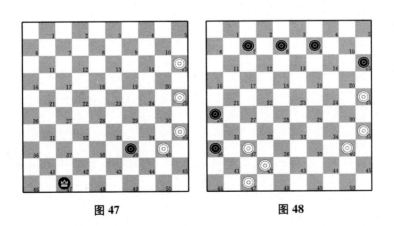

图 47　　　　　　　　图 48

图 48 打击小有难度，利用本节课所学的内容，我们可以想象，如果黑方 20 位有棋子，我们就可以顺利地实施打击，如何把黑棋转移到 20 位？白棋

37—31！送两子让黑棋在 48 位变王，再走 47—41！让黑棋在 47 位变第二个王，接着 40—34，48 位的王棋有吃必吃吃到 30 位，白棋 35—24！往上吃，黑棋 47 位的王棋继续有吃必吃吃到 20 位，最后 25×1 白方成功实施梯子打击获胜。

学习目标：会做这种类型的打击。

重点难点提示：拓宽思路，敢于让对方变王，层层递进，步步为营。

练一练：白先白胜

第十八课

菲利普打击

白方用 38 位或 40 位子发动攻击，沿着双重道穿过中心，跳吃到 7 位、16 位或 9 位，这种打击模式相传为 19 世纪法国棋手菲利普所创，故称"菲利普打击"。

我们知道了菲利普打击的路线，来看以下图例。

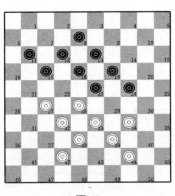

图 49

如图 49，白先胜：

1. 27—21　17×26　2. 28—22　18×27　3. 32×21　26×17

4. 33—29　24×33　5. 38×16

打击示意图：

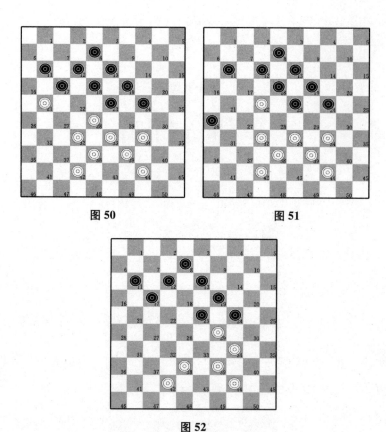

图 50   图 51

图 52

学习目标:掌握菲利普打击。

重点难点提示:菲利普打击的掌握技巧在于通过几次喂吃,把对方阻碍打击的兵引开,同时也在重组己方的打击阵形。

练一练:白先白胜

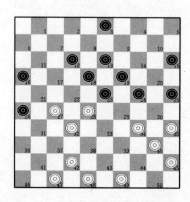

第十九课

王氏打击

这种打击由菲利普打击演变而来。它和菲利普打击一样,都是从 40 位打起,但它不经过中心,而是绕行吃一圈。相传王式打击为法国上流社会的王公贵族们所创,所以被称为"王氏打击"。

图 53

如图 53,白先胜:

1. 27—22　18×27　2. 32×21　23×34　3. 40×16

打击示意图:

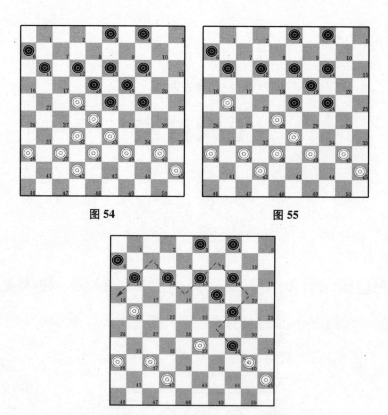

图 54   图 55

图 56

学习目标:掌握王氏打击。

重点难点提示:王氏打击在实战中很常用,打击的时候要注意有多吃多,善于利用 45 位和 40 位这个小纵队。

练一练:白先白胜

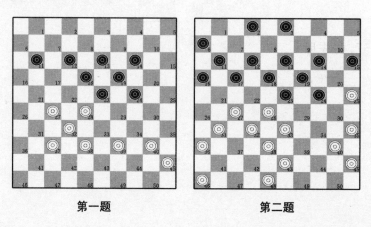

第一题   第二题

第二十课

弹射打击

经过配合,用己方棋子跳吃对方的一两枚棋子而弹带出新的攻击目标,并对其实施的攻杀称为"弹射打击"。

图 57

如图 57,白先胜:

1. 27—22　18×27　2. 25—20　14×34　3. 40×18　13×22

4. 28×6

打击示意图:

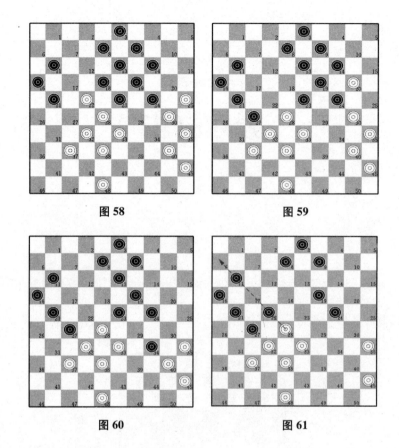

图 58   图 59

图 60   图 61

学习目标:掌握弹射打击。

重点难点提示:注意最后白棋是 28×6 而不是 28×26,虽然打击完双方子力数量一样多,但是白棋下一步就会成王,优势明显。

练一练:白先白胜

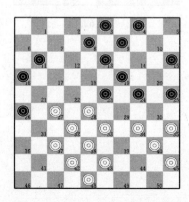

42

第二十一课

轰炸打击

轰炸打击分两个阶段进行。第一阶段是实施打击的棋子打到某一个棋位后,根据有多吃必多吃的规则,对方无法吃掉该枚棋子,第二阶段是这枚棋子再次实施连吃。

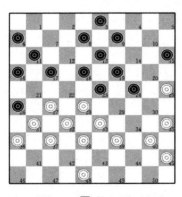

图62

如图,白先胜:

1. 27—21　16×27　2. 32×12　23×34　3. 12×14　9×20

4. 40×29

打击示意图:

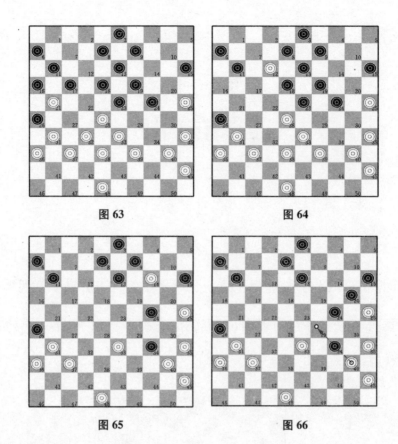

图 63　　　　　　　　图 64

图 65　　　　　　　　图 66

学习目标：掌握轰炸打击。

重点难点提示：轰炸打击是比较实用的战术打击，很容易在实战中发生，它的实施过程中会面对吃子选择，注意不要吃错。

练一练：白先白胜

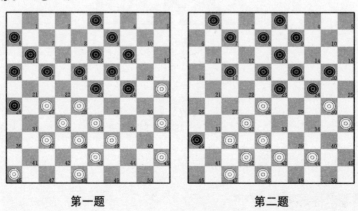

第一题　　　　　　　　第二题

第二十二课

拉法尔打击

拉法尔打击的特点是,先通过弃兵,白方抢占 44 格,利用"有多吃必多吃"规则使黑方无法吃掉 44 位兵,利用 44 位的兵进行第一次打击,然后再用金棋位的兵实施第二次打击。

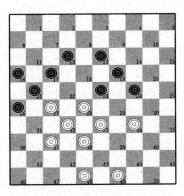

图 67

如图 67,白先胜:

　　1. 34—29　23×34　2. 28—23!　　19×39　3. 37—31!　　26×28

4. 49—44　21×43　5. 44×11　　16×7　6. 48×17

　　打击示意图:

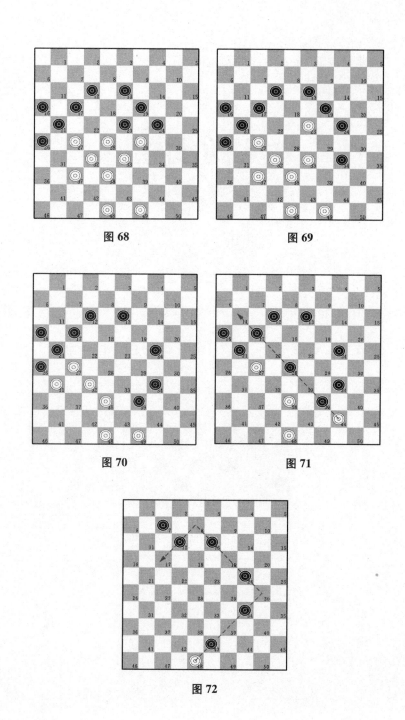

图 68   图 69

图 70   图 71

图 72

学习目标:掌握拉法尔打击。

重点难点提示:拉法尔打击的实现过程是需要经历两次打击的,在实施第一次打击时利用的是抢速度原理。

练一练:白先白胜

第二十三课

彼得萨打击

彼得萨打击的特点是:用金棋子沿着 39 位—30 位—19 位的线路,打到对方的次王棋位。

图 73

如图 73,白先胜:

1. 34—29　23×34　2. 28—23　19×26　3. 45—40!　21×43

4. 48×6

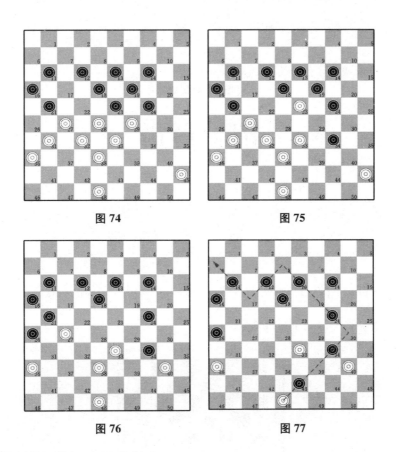

图 74　　　　　　　　　图 75

图 76　　　　　　　　　图 77

学习目标:掌握彼得萨打击。

重点难点提示:在这个局面中 45—40 这步棋充当的是等着的角色,不是为了最终打击,和之前拉法尔打击中是有区别的。

练一练:白先白胜

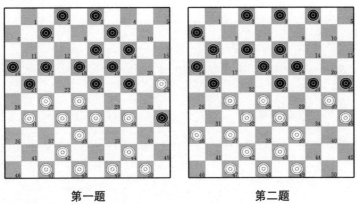

第一题　　　　　　　　　第二题

第二十四课

钩子打击

因为这种打击弃子调动对方子力的线路和最后实施打击的线路很像钩子,所以我们称它为"钩子打击"。

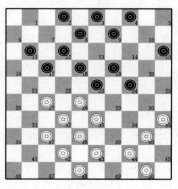

图 78

如图 78,白先胜:

1. 35—30　　24×35　　2. 44—39　　35×44　　3. 28—22　　17×28

4. 33×24　　44×33　　5. 38×16

打击示意图:

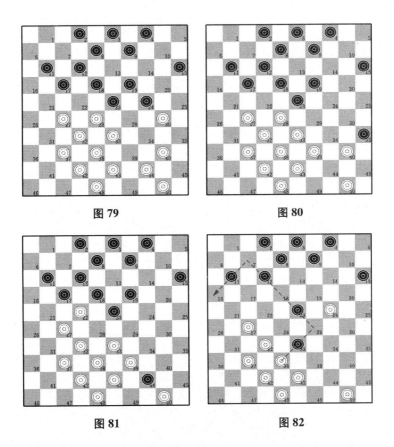

图 79　　　　　　　　　　图 80

图 81　　　　　　　　　　图 82

学习目标:掌握钩子打击。

重点难点提示:白方通过喂吃、交换等手段成功地把黑棋 24 位的兵运输到 33 位,同时扫除了其他障碍,成功实施了钩子打击。

练一练:白先白胜

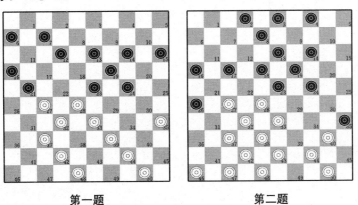

第一题　　　　　　　　　　第二题

第二十五课

土耳其打击

土耳其打击是以土耳其国家名字命名的,其原理是利用"一次取缔,不可重跳"的行棋规则而设计出来的打击。要掌握土耳其打击首先需要对这种情况的吃子非常熟练,不能吃错。

图 83

如图 83,白先胜:

1. 48—42   26×48   2. 47—42   48×33   3. 38×7

打击示意图:

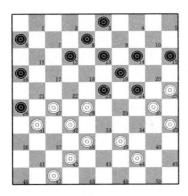

图 84

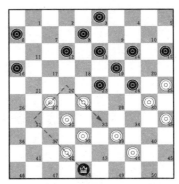

图 85

图 86

学习目标:掌握土耳其打击。

重点难点提示:注意一次取缔的规则,全部吃完后再把棋子拿走,不然会导致把不能吃的兵吃掉。

练一练:白先白胜

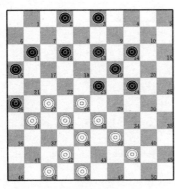

第一题

第二题

第二十六课

旋梯打击

旋梯打击和之前我们所学的梯子打击是有区别的,梯子打击是直线型的一级一级把对方的棋子往上传递,而旋梯打击的打击过程就有点螺旋迂回,我们可以看看下面这个例子。

图 87

如图 87,白先胜:

    1. 40—35   29×40   2. 35—30   25×34   3. 44×35   33×44

4. 49×27

打击示意图:

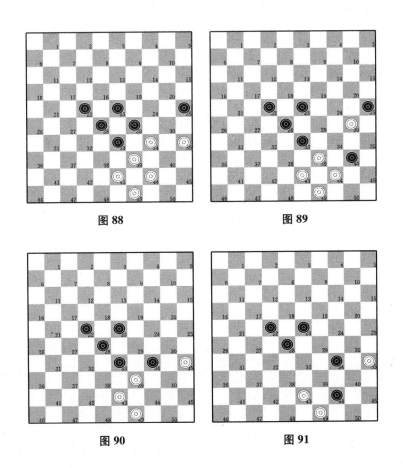

图 88　　　　　　　　　　图 89

图 90　　　　　　　　　　图 91

学习目标:掌握旋梯打击。

重点难点提示:旋梯打击不像梯子打击那样直观,需要发挥空间想象力。

练一练:白先白胜

55

第二十七课

弦月打击

这种打击实施的时候,就像在棋盘上画了一个弧线,因而我们称它为"弦月打击"。

图 92

如图 92,白先胜:

1. 27—22　18×27　2. 33—29　24×31　3. 30—24　27×38

4. 43×32　19×30　5. 28×37

打击示意图:

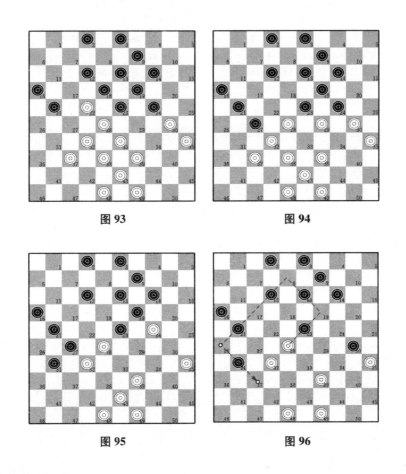

图93　　　　　　　　　图94

图95　　　　　　　　　图96

学习目标:掌握弦月打击。

重点难点提示:这个战术打击比较复杂,白棋33—29黑方有多种吃法,但要看清必须有多吃多吃三个子,可以通过自己在棋盘上多摆几遍这个打击来熟练掌握。

练一练:白先白胜

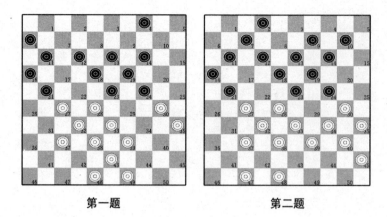

第一题　　　　　　　　　　第二题

第二十八课

变色龙打击

变色龙打击的特点是:经过弃子调动对方的子力,先用32位的子实施第一次打击,然后再用金棋位的子实施第二次打击。因为黑棋21位的兵多次变动位置,所以称此类打击为"变色龙打击"。

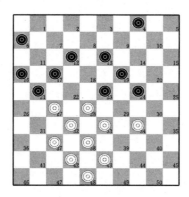

图97

如图97,白先胜:

　　1. 34—29　23×34　　2. 28—22　17×39　　3. 38—33　39×28

4. 32×14　21×41　　5. 42—37　41×32　　6. 43—38　32×43　　7. 48×17

打击示意图:

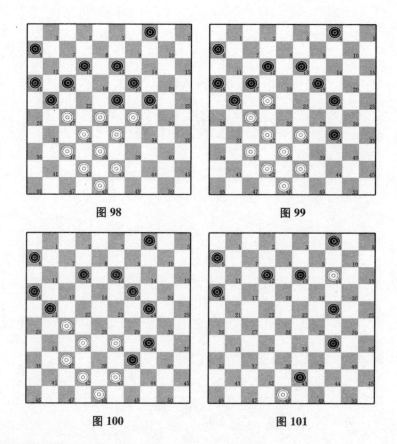

图98　　　　　　　　　图99

图100　　　　　　　　图101

学习目标:掌握变色龙打击。

重点难点提示:变色龙打击最后是利用21位的黑兵实施打击的,在这过程中要注意21位黑兵每次吃子时的位置变化。

练一练:白先白胜

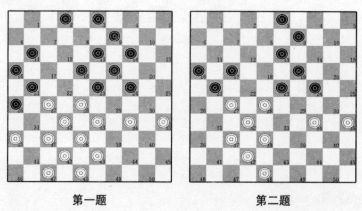

第一题　　　　　　　　第二题

第二十九课

综合测试题(一)

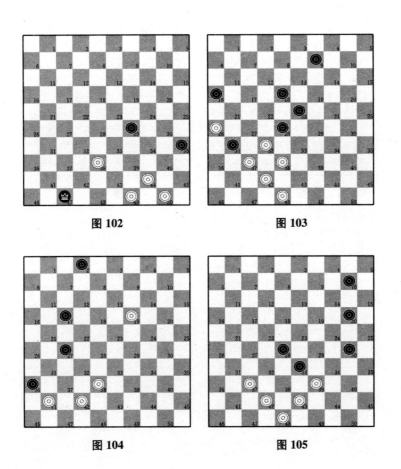

图 102   图 103

图 104   图 105

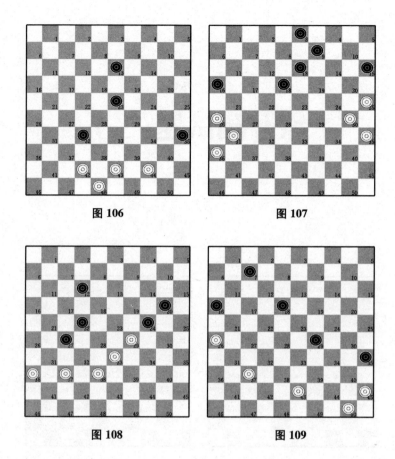

图 106　　　　　　　　　图 107

图 108　　　　　　　　　图 109

第三十课

综合测试题(二)

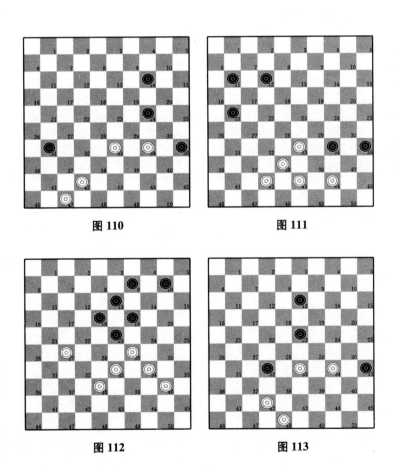

图 110　　　　　　　　图 111

图 112　　　　　　　　图 113

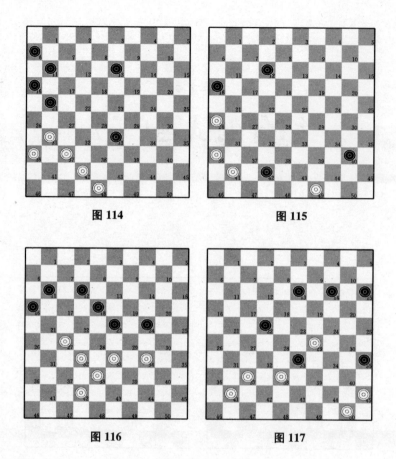

图 114   图 115

图 116   图 117

课后练习答案

第一课：1. 22—18　13×22　2. 28×17

第六课：

第一题：1. 30—24　20×29　2. 34×3　（1. 30—24　19×30

2. 35×2)

第二题：1. 32—28　25×32　2. 38×2　（1. 32—28　22—33

2. 38×7)

第三题：1. 43—38　32×43　2. 49×7　（1. 43—38　33×42

2. 48×8)

第四题：1. 29—23　19×28　2. 33×2　（1. 29—23　18×29

2. 33×2)

第七课：

第一题：1. 38—32　17×28　2. 32×3

第二题：1. 48—43　25×32　2. 38×9

第三题：1. 21—16　15×24　2. 16×20

第四题：1. 30—25　23×21　2. 25×3

第八课：

第一题：1. 45—40

第二题：1. 1—6

第九课：

第一题：1. 47—41　37—42　2. 48×37

第二题：1. 44—39　34×43　2. 35×49

第十课：

第一题：1. 48—42　37×48　2. 39—34　48×30　3. 25×1

第二题：1. 47—41　36×47　2. 39—34　47×40　3. 45×23

第十一课：

第一题：1. 30—24　19×30　2. 39—34　30×39　3. 44×2

第二题：1. 44—39　34×43　2. 42—38　43×32　3. 37×19

第三题：1. 17—11　7×16　2. 26—21　16×27　3. 31×13

第四题：1. 11—7　1×12　2. 22—17　12×21　3. 16×38

第五题：1. 32—27　31×22　2. 33—29　24×33　3. 39×19

第六题：1. 25—20　14×25　2. 34—30　25×43　3. 49×7

第七题：1. 35—30　24×35　2. 39—33　28×39　3. 44×2

第八题：1. 38—33　29×38　2. 49—43　38×40　3. 45×5

第十二课：

第一题：1. 34—30　25×34　2. 40×18　13×22　3. 28×32

第二题：1. 42—38　26×37　2. 38—32　37×28　3. 33×15

第三题：1. 25—20　15×33　2. 44—40　35×44　3. 50×10

第四题：1. 23—18　22×13　2. 28—22　17×30　3. 35×4

第五题：1. 17—11　7×16　2. 29—23　14×21　3. 26×17

第六题：1. 39—34　30×48　2. 32—27　48×22　3. 28×10

第七题：1. 27—22　17×48　2. 39—34　48×30　3. 25×1

第八题：1. 49—43　38×49　2. 41—37　49—41　3. 46×19

第十四课

第一题：1. 28—22　17×28　2. 34—30　25×34　3. 40×18

13×31　4. 32×25

第二题：1. 34—30　25×34　2. 39×30　24×35　3. 33—29

23×34　4. 28—22　17×28　5. 32×5

第十五课

第一题：1. 34—30　35×24　2. 33—29　24×33　3. 39×19

第二题：1. 37—31　26×37　2. 27—21　16×27　3. 28—22

27×18　4. 38—32　37×28　5. 33×4

第十六课

第一题：1. 28—22　17×39　2. 34×43　25×34　3. 40×7

第二题：1. 48—43　39×48　2. 32—27　21×32　3. 28×37

48×31　4. 36×27

第三题：1. 49—44　40×49　2. 37—32　28×37　3. 31×42

49×21　4．26×10

第四题：1．37—31　26×37　2．32×41　23×32　3．38×16

第十七课

第一题：1．37—31　26×37　2．38—32　27×49　3．48—42

37×48　4．47—41　36×47　5．40—35　49×40　6．45×34　48×30

7．35×24　47×20　8．25×1

第十八课

第一题：1．27—22　18×38　2．42×33　23×32　3．33—28

32×23　4．34—30　25×34　5．40×7

第十九课

第一题：1．27—22　18×27　2．32×21　23×34　3．40×16

第二题：1．27—22　18×27　2．32×21　17×37　3．43—39

23×34　4．40×7

第二十课

第一题：1．34—30　25×34　2．40×18　13×31　3．32—27

31×22　4．28×6

第二十一课

第一题：1．27—21　16×27　2．32×12　23×41　3．12×23

19×28　4．46×37

第二题：1．37—31　36×27　2．32×12　8×17　3．30—25

23×32　4．25×21

第二十二课

第一题：1. 34—29　23×34　2. 28—23　19×39　3. 37—31

26×28　4. 49—44　21×43　5. 44×11　16×2　6. 48×10

第二十三课

第一题：1. 34—29　23×34　2. 28—23　19×26　3. 25—20

21×43　4. 48×10

第二题：1. 27—22　18×29　2. 39—34　23×41　3. 34×14

25×34　4. 42—37　41×32　5. 43—38　32×43　6. 48×26

第二十四课

第一题：1. 35—30　24×35　2. 44—40　35×44　3. 33—29

44×31　4. 29×20　15×24　5. 37×8

第二题：1. 44—39　35×44　2. 27—21　16×27　3. 32×12

23×41　4. 12×23　19×28　5. 33×22　44×33　6. 38×18

第二十五课

第一题：1. 33—29　23×43　2. 48×39　26×48　3. 47—42

48×33　4. 38×7

第二题：1. 25—20　29×47　2. 20×7　2×11　3. 48—42

47×31　4. 37×6

第二十六课

第一题：1. 39—34　28×39　2. 34—29　24×33　3. 43×34

32×43　4. 48×8

第二十七课

第一题：1. 27—22 18×27 2. 33—29 24×31 3. 30—24
27×38 4. 43×32 19×30 5. 28×37

第二题：1. 27—22 18×27 2. 33—29 24×31 3. 30—25
27×38 4. 35—30 23×32 5. 25—20 14×25 6. 39×33 38×29
7. 34×5 25×34 8. 5×6

第二十八课

第一题：1. 34—29 23×34 2. 28—23 19×39 3. 38—33
39×28 4. 32×12 21×41 5. 42—37 41×32 6. 12—8 3×12
7. 43—38 32×43 8. 48×6

第二题：1. 28—22 17×28 2. 34—29 23×34 3. 32×14
21×41 4. 42—37 41×43 5. 48×8

第二十九课

第一题：1. 44—39 47×44 2. 49×40 35×44 3. 50×39

第二题：1. 26—21 16×27 2. 37×26 28×37 3. 42×4

第三题：1. 19—13 36×47 2. 38—32 47×8 3. 32×3

第四题：1. 42—38 33×31 2. 39—33 28×39 3. 43×5

第五题：1. 44—40 35×44 2. 43—39 44×33 3. 42—38
33×42 4. 48×8

第六题：1. 25—20 15×24 2. 30×8 3×12 3. 26—21
16×27 4. 31×4

第七题：1. 38—32　27×38　2. 33×42　24×33　3. 42—38

33×31　4. 36×7

第八题：1. 26—21　16×27　2. 37—32　27×49　3. 50—44

49×40　4. 45×1

第三十课

第一题：1. 33—29　24×33　2. 34—30　35×24　3. 42—37

31×42　4. 47×9

第二题：1. 33—29　34×23　2. 44—40　35×44　3. 33—39

44×33　38×27

第三题：1. 27—22　18×27　2. 29×18　13×22　3. 38—32

27×29　4. 34×5

第四题：1. 34—30　35×24　2. 33—29　23×34　3. 42—38

32×43　4. 48×8

第五题：1. 42—38　33×42　2. 31—26　42×31　3. 26×17

11×22　4. 36×9

第六题：1. 49—44　40×49　2. 41—37　42×31　3. 36×27

49×21　4. 26×8

第七题：1. 27—22　18×27　2. 32×21　16×27　3. 33—29

24×33　4. 38×16

第八题：1. 41—36　33×31　2. 36×20　15×33　3. 45—40

35×44　4. 50×28

后　记

　　棋类运动,是高雅、智慧和创造的象征,是中国乃至世界文明史上源远流长的优秀文化载体,自古以来就被誉为"智慧的体操"、"人类智慧的磨刀石"。

　　对于学校教育而言,能将棋类教育纳入课堂体系,与教育教学实际有机结合,不仅有利于学生的个性塑造,也有利于培养学生独立思考解决问题的能力,更有利于学生增进和提升自身的人文底蕴。

　　上海棋院实验小学以打造"轻负高效、特色鲜明、全面发展"的高品质新优质学校为目标,进一步做大做强棋类教育特色。学校坚定走体教结合之路,以棋类教育为载体,培养学生审慎、严密的逻辑思维方式及学生自信心、社会竞争意识与独立能力,力求培养出文化与棋艺都一流的优秀学生;坚定走素质教育之路,开设更多的各种棋类活动课程供学生自主选择,不断丰富学校棋文化教育的资源,彰显学校棋类教育特色;坚定走博学、精通之路,力争在未来几年里,培养出一批棋艺和学业兼优、"三棋(象棋、国际象棋、国际跳棋)必兼会、一棋必精通"的高素质小学毕业生。

　　"工欲善其事，必先利其器"。良好的棋类教材是保证上海棋院实验小学棋类教育高质量发展的重要基石。上海棋院实验小学在积极奉行"以棋育德、以棋益智、以棋健心、以棋怡情、以棋促创"的同时，将经验传承与创新发展相结合，尊重儿童身心规律和学习规律，确定儿童学棋的视角，以趣为先、以实为重、以技为绳、以品为根，不断优化并重新编辑了象棋、国际象棋和国际跳棋的校本教材。通过一系列的棋类教材，展示了学校"做自己的冠军"的育人观、"与健康同心、与快乐同行、与幸福同向"的课程观以及"让学生终身受益"的教学观。学校组织编写并使用的《学象棋》、《跟老师学国际象棋》、《学在棋中》、《象棋与人生》等校本教材，提高了棋类课堂教学的质量，使每一个学生都充分感悟棋类文化的魅力。学校开展棋类教学训练后，学生的学习成绩更加好了。这充分证明，棋类教材的理论辅导和系统学习对青少年的智力开发和品德养成有着积极而有效的作用。

　　如今，新编的"冠军丛书"已经面市，期待这套教材能够助推上海棋院实验小学的棋类教育再夺新冠、再立新功；也衷心希望更多的孩子可以从中获益，在棋盘方寸间感悟智慧的真谛和人生的乐趣。

上海棋院实验小学

图书在版编目（ＣＩＰ）数据

国际跳棋.中/上海棋院实验小学编.—上海：
上海人民出版社,2013
（上海棋院实验小学冠军丛书）
ISBN 978 - 7 - 208 - 11374 - 9

Ⅰ．①国…　Ⅱ．①上…　Ⅲ．①棋类运动-小学-教材
Ⅳ．①G624.81

中国版本图书馆 CIP 数据核字(2013)第 078907 号

· 上海棋院实验小学冠军丛书 ·
国 际 跳 棋(中)
上海棋院实验小学 编
世纪出版集团
上海人民出版社出版
(200001　上海福建中路193号　www.ewen.cc)
世纪出版集团发行中心发行
常熟市新骅印刷有限公司印刷
开本 787×1092　1/16　印张 5.25　字数 51,000
2013 年 5 月第 1 版　2013 年 5 月第 1 次印刷
ISBN 978 - 7 - 208 - 11374 - 9/G · 1594

定价 15.00 元